Their World
Su Mundo

Dedicated to Phoebe & Penny

Copyright © 2023 by Boundless Strides

All rights reserved. No part of this book may be reproduced, distributed, or transmitted in any form or by any means, including photocopying, recording, or other electronic or mechanical methods, without the prior written permission of the publisher, except in the case of brief quotations embodied in critical reviews and certain other noncommercial uses permitted by copyright law.
The Phoebe & Penny Series I Their World/ La Serie Phoebe y Penny I Su Mundo
Author: Alondra Ibeth Bustos Garcia
Illustrator: Dori Durbin
Published by Boundless Strides
boundless.strides@gmail.com
ISBN: 978-1-7364254-1-1
Printed in United States
First Edition: 2023
Library of Congress Cataloging-in-Publication Data
For permission requests or business inquiries, please contact the publisher to the
email address provided.

Special thanks to EMJ for keeping me true to self. Shoutout to Amy & Ruby for the sloth. ily

Hi! I'm Phoebe! I'm a Miniature Schnauzer and I'm 4 years old. That's Penny, my sister… She's a Bull Terrier and she is 2 years old. She is always energetic and wants to play. ALL THE TIME!

¡Hola! Soy Phoebe, soy una Schnauzer miniatura y tengo 4 años. Esta es Penny, mi hermanita… Ella es una Bull Terrier y tiene 2 años. Ella siempre tiene energía y quiere jugar. ¡Todo el tiempo!

Penny and I live with our human parents, mom and pa. We're going on a walk. We are so excited!

Penny y yo vivimos con nuestros padres humanos, mamá y papá. Vamos a caminar. ¡Estamos muy emocionadas!

We walk around our neighborhood and we see our neighbor dogs along our path.

Caminamos por el vecindario y vemos a todos los perros vecinos.

Penny always wants to say hi to every dog we see!

¡Penny siempre quiere saludar a todos los perros que vemos!

I love smelling all the plants on the path. They all smell so good!

Me encanta oler todas las plantas por el camino. ¡Todas huelen tan rico!

During our walks we sometimes stop at the dog park.

Cuando vamos a caminar a veces entramos al parque.

Let's do it!
¡Vamos!

We can stop at the park for a little bit.
Vamos a entrar al parque un ratito.

I don't love the dog parks as much as Penny does. She whines when we walk past it and don't go inside to play.

No me encanta entrar tanto como a Penny. Ella llora cuando pasamos y no entramos a jugar.

Ooh there's a lot of dogs today...

¡Oh! Hay muchos perros hoy...

Go on, Phoebe it's okay!
¡Vamos Phoebe está bien!

Sometimes the dog park makes me nervous.

A veces el parque me hace sentir nerviosa.

All the dogs come up to me to say hi and smell me at once. It's scary!

Todos los perros se me acercan a saludarme y a olerme a la misma vez. ¡Es espantoso!

One thing that Penny has taught me is to be brave in the dog park.

Una cosa que Penny me ha enseñado es a ser valiente en el parque para perros.

Watching her play makes me feel confident.

Verla jugar me da confianza.

Once all the dogs leave me alone, is when I like to go explore and say hi to them.

Cuando todos los perros me dejan sola, es cuando me gusta ir a explorar y a saludarlos.

I like playing with humans more than dogs.
I chase after my mom and pa.

*Me gusta jugar más con los humanos que con los perros.
Corro detrás de mi mamá y papá.*

Once we're finally out, Penny whines and pulls her leash to try to go back inside the park.

Tan pronto salimos, Penny reniega y jala su cuerda tratando de entrar al parque de nuevo.

The walk makes us so hot and tired. The only thing that helps cool us is laying on the kitchen floor.

La caminata nos hace sentir muy cansadas y con mucho calor. Lo único que nos ayuda a refrescarnos es acostarnos en el piso de la cocina.

Wait . . . I think mom and pa are going somewhere . . .

Espera . . . creo que mamá y papá se van a algún lado . . .

Phoebe! Penny! We will be right back!
¡Phoebe, Penny! ¡Volveremos enseguida!

It's so sad when they leave!
Es muy triste cuando se van.

We already have a system I get out first and then I let Penny out!
Ya tenemos un sistema. ¡Salgo primero y luego dejó salir a Penny!

Once we get tired of playing, we go back to bed. Penny helps with my gate and she closes her own cage.

Una vez que nos cansamos de jugar, nos vamos de regreso a nuestras camas. Penny ayuda con mi portón y cierra su propia jaula.

She's good at it!

¡Para eso es una experta!

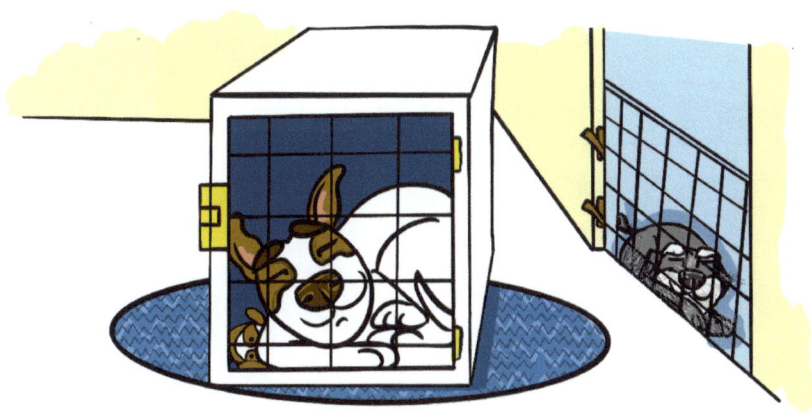

Then we wait for mom and pa to come back...

Luego, esperamos a que mamá y papá regresen...

When our parents leave for a long time we usually get treats when they return.

Cuando nuestros padres es van por un largo tiempo, generalmente recibimos golosinas cuando regresan.

For the rest of the day, we spend our time outside. My mom likes working on her plants and pa works on his cars.

El resto del día lo pasamos afuera. A mi mamá le gusta atender a sus plantas y papá trabaja en sus carros.

I love our family! And our GRAND ESCAPES!

¡Amo a nuestra familia! ¡Y nuestros ESCAPES GRANDIOSOS!

THE END

THE MORE YOU KNOW/MÁS CONOCIMIENTO EN.....
PLANTS/PLANTAS

TOXIC PLANTS TO DOGS/PLANTAS TÓXICAS PARA PERROS

SAGO PALM

SAGO PALM CONTAINS CYCASIN, WHICH IS THE PRIMARY ACTIVE TOXIC AGENT.

LA PALMA DE SAGÚ CONTIENE CICASINA, QUE ES EL ACTIVO PRINCIPAL AGENTE TOXICO.

ALOCASIA

ALOCASIA PLANTS CONTAIN INSOLUBLE OXALATE CRYSTALS. THESE CRYSTALS, IRRITATE THE MOUTH AND STOMACH.

LAS PLANTAS DE ALOCASIA CONTIENEN CRISTALES DE OXALATO INSOLUBLES. ESTOS CRISTALES, IRRITAN LA BOCA Y EL ESTÓMAGO.

TULIPS

TULIPS CONTAIN A TOXIC ALKALOID, TULIPOSIDE. THIS INHIBITS PROTEIN SYNTHESIS IN THE CELLS.

LOS TULIPANES CONTIENEN UN ALCALOIDE TÓXICO, EL TULIPÓSIDO. ESTO INHIBE LA SÍNTESIS DE PROTEÍNAS EN LAS CÉLULAS.

SANSEVIERIA "SNAKE PLANT"

SNAKE PLANTS PRODUCE SAPONINS, A FOAMING TOXIN WHICH LEADS TO A GASTROINTESTINAL UPSET.

LAS PLANTAS DE SERPIENTE PRODUCEN SAPONINAS, UNA TOXINA ESPUMOSA QUE CONDUCE EL MALESTAR GASTROINTESTINAL.

FOR MORE INFO/PARA MÁS INFORMACÍON:
VISIT/VISITA ASPCA.ORG

INCORPORATE REFLECTION/ INCORPORA LA REFLEXIÓN
while reading ask/ mientras lees pregunta:

- ¿QUÉ HACEMOS EN LAS MAÑANAS?
- ¿QUÉ CREES QUE PASARÁ DESPUÉS?
- ¿QUÉ CREES QUE AYUDARÁ A PENNY A NO ESTAR TRISTE AL SALIR DEL PARQUE?
- ¿QUÉ GOLOSINA CREES QUE RECIBIRÁN PENNY Y PHOEBE?
- ¿CUÁL FUE TU PARTE FAVORITA DEL DÍA DE PHOEBE Y PENNY?

- WHAT DO WE DO IN THE MORNINGS?
- WHAT DO YOU THINK WILL HAPPEN NEXT?
- WHAT DO YOU THINK WILL HELP PENNY TO NOT BE SAD WHEN LEAVING THE PARK?
- WHAT TREAT DO YOU THINK PENNY AND PHOEBE WILL GET?
- WHAT WAS YOUR FAVORITE PART ABOUT PHOEBE AND PENNY'S DAY?

Find the sloth/ Encuentra el perezoso

¡EL PELUCHE PEREZOSO FAVORITO DE PHOEBE ESTÁ ESCONDIDO EN EL LIBRO!
¿PUEDES ENCONTRARLO EN LAS PÁGINAS?

PHOEBE'S FAVORITE SLOTH TOY IS HIDING IN THE BOOK! CAN YOU FIND HIM IN THE PAGES?

Send us photos! / ¡Envíanos fotos!
@alondra.laautora

www.ingramcontent.com/pod-product-compliance
Lightning Source LLC
Chambersburg PA
CBHW042254100526
44587CB00003B/133